L'AVEU SINCERE

OU

LETTRE A UNE MERE

Sur les dangers que court la Jeuneſſe en ſe livrant à un goût trop vif pour la Littérature.

A LONDRES,

& ſe trouve

A PARIS

Chez LOUIS CELLOT, rue Dauphine.

M. D. CC. LXVIII.

AVERTISSEMENT.

CETTE lettre n'a d'abord été écrite que pour l'inſtruction particuliere d'une perſonne qui m'eſt chere, & pour le bien de ſes enfans. Elle m'a enſuite paru mériter de devenir publique par la nature des vérités qu'elle renferme. Ma ſœur n'eſt pas la ſeule mere de famille à qui ils puiſſent être utiles ; ni mes neveux les ſeuls enfans à qui ils ſoient néceſſaires. Je les adreſſe donc à tous ceux qui ſe trouvent dans les mêmes circonſtances, & je ſouhaite bien ſincerement qu'ils en puiſſent profiter.

J'annonce hautement à quiconque ſe laiſſera captiver par l'attrait ſéducteur de la littérature, des dégoûts ſans nombre & des

amertumes affreuſes. Ce n'eſt pas
aux littérateurs aguerris que je
fais cette confidence humiliante,
comme ce n'eſt pas aux malades
qui ont déja des charbons, qu'on
indique des préſervatifs contre la
peſte. Je parle à ces cœurs ingé-
nus & ſans expérience, qui pourraient être trompés par la gloire
dont ils voient jouir les grands
écrivains, & qui ne ſavent pas
ce qu'il leur en a coûté pour y
parvenir. Il ſemble qu'on ne ſau-
rait le leur répéter trop ſouvent
& trop fortement.

Il ne s'agit pas ici de faire de
belles phraſes, ni d'arrondir des
complimens pompeux & men-
teurs à mon ſiecle ou à mes confreres. Il eſt queſtion de juſtifier
mon dégoût, trop peu durable,
pour des occupations frivoles,
& de l'inſpirer s'il ſe peut à la
jeuneſſe de nos jours, qui ne ſe

laisse que trop séduire par un goût
contraire.

On la voit se précipiter avec
fureur vers ces amusemens dangereux qui l'éloignent des occupations sérieuses. L'amour du
raisonnement lui vient avant
l'âge de la raison, & la déman-
geaison d'écrire précede en elle
la force de tracer des caracteres.
Les colleges font des pépinieres
d'auteurs enfans, qui brochent
à la hâte des tragédies, des ro-
mans, des histoires, des œuvres
mêlées. Ils travaillent en vers &
en prose. Ils prennent l'abondance
de leur âge pour de la facilité,
& l'effervescence de leur imagination pour du talent.

Les lambeaux des bons auteurs
anciens & modernes dont ils ont
encore la tête remplie, aident à
favoriser leur erreur. Ils les imi-
tent ou les placent dans leurs

compoſitions, qui ont par ce moyen quelque choſe de ſupportable. Ils s'en approprient l'uſage, & s'en font honnèur; comme ces libertins qui, après avoir dérobé leurs parens, ſoutiennent pendant quelque tems une dépenſe brillante avec l'argent qu'ils en ont tiré.

Mais enfin ces fonds étrangers s'épuiſent. La ſtérilité naturelle qu'ils ſervaient à déguiſer, paraît à découvert. Que reſte-t-il alors de cette mouſſe de bel eſprit qui s'évanouit dès que la fermentation de la jeuneſſe eſt paſſée ? Que produit cet enthouſiaſme artificiel occaſionné par la lecture, par les converſations littéraires, par les ſecours trop multipliés en ce genre, & devenus un des plus grands abus, comme une des plus graves occupations de notre ſiecle ?

Ceux qu'il a animés pendant quelques inftans n'ayant en eux-mêmes aucune des reffources néceffaires pour le foutenir, n'en reffentent plus bientôt que l'épuifement. Obligés d'abandoner malgré eux la littérature, pour laquelle ils ne font pas faits, ils ne peuvent fe réfoudre à embraffer de profeffion honnête, parce qu'ils ne font préparés à aucune. Ayant confumé le tems deftiné pour l'apprentiffage des chofes férieufes, à fe croire maîtres dans des bagatelles, ils paffent le refte de leur vie dans la mifere & le défefpoir, balançant entre un métier nuifible qu'ils n'ont pas la force d'exercer, & des états avantageux auxquels ils ne font plus à portée de s'appliquer. Ce font des débauchés peu robuftes, qui, ayant ufé de bonne heure leur tempérament par des excès, en viennent à ne pouvoir ni se livrer à des plaisirs qu'ils ne sauraient plus goûter, ni se vouer à une tempérance à laquelle ils ne sont pas accoutumés.

Ce tableau terrible est tracé d'après nature; il existe sous nos yeux mille exemples qui le confirment; il n'y a que trop de preuves qui justifient l'effroi de tous les parens sensés, quand ils voient leurs enfans abuser de l'éducation qu'on leur donne, & puiser dans les livres qu'on leur met entre les mains, l'envie d'en faire eux-mêmes.

N'est-ce donc pas rendre service aux uns & aux autres, que de présenter aux seconds un exposé naïf des malheurs qui les attendent dans la carriere où ils se proposent d'entrer ? N'est-ce pas mériter la reconnoissance du public, que de fournir aux jeunes gens par des aveux finceres, des motifs pour s'écàrter de ces attraits funeftes, qui ne font que trop propres à les féduire, & qui ne tarderont pas à les empoifonner fans reffource, pour peu qu'ils ceffent un moment de s'en défier.

Je ne parle ici que des jeunes gens nés dans la condition obf-cure, qui compofe la plus nombreufe partie de la fociété, & qui y fait le moins de fenfation. C'eft bien pis s'ils ont vu le jour dans cette claffe à laquelle les dignités & les places femblent appartenir de droit, fi le nom ou la fortune de leurs parens leur ouvre l'entrée aux emplois, de l'adminiftration defquels dépend le deftin du refte des hommes.

S'ils étaient nourris dans l'ignorance comme Henri IV, au moment de leur élévation, du moins ils chercheraient probablement à s'instruire comme lui. Pénétrés de leur foiblesse, ils ne marcheraient qu'avec circonspection. Sentant leurs yeux peu accoutumés à la lumiere, ils craindraient de se tromper en appréciant les objets.

Leurs cœurs seraient encore susceptibles d'être émus par les gémissemens de leurs pareils, dont aucun sophisme n'affaiblirait l'impression.

Avec moins de connaissance, ils auraient plus d'humanité; éprouvant la nécessité du travail, ils en prendraient l'amour & le goût; ils ne seraient dans la dépendance, ni de leurs commis, ni de leurs secrétaires, ni des subalternes en tout genre.

Mais que produit aujourd'hui l'appareil scientifique dont on les entoure dès le berceau? Quel est l'effet des livres qu'on leur met entre les mains, avant même qu'ils aient la force de les porter ? Ils s'y aiguisent l'esprit, je le veux croire : il y apprennent l'art de parler de tout avec élégance, fans avoir d'idée de rien. Ils s'y familiarisent avec un jargon brillant qui tient lieu du bon sens dans tant de compagnies, & un persifflage cruel, qui les déshonore ; mais ils y puisent aussi un goût de frivolité, d'inconséquence, de papillonage, qui les écarte de leurs devoirs, & ne leur laisse d'activité précisément que pour les occupations qui leur conviennent le moins.

C'est peut-être un des plus grands inconvéniens de la littérature ou de la politique, que les livres nécessaires soient ordinairement dégoûtans par le fonds, autant que par la forme, tandis

qu'un vernis enchanteur embel-
lit tous ceux qui traitent des ſu-
perfluités brillantes auxquelles la
jeuneſſe n'eſt par elle-même que
trop portée. Ce ſont donc ces
derniers que préférent les jeunes gens nourris dans l'opulence.

Ils y deviennent poëtes, phyſiciens, chimiſtes, antiquaires,
amateurs de l'hiſtoire naturelle,
artiſtes dans tous les genres. Ils
s'imaginent du moins l'etre devenus par les flatteries intéreſſées
des auteurs de ces livres qui les
ont corrompus. Ils portent dans
les places où ils parviennent, la
préſomption inséparable d'une
ſcience ſi futile & ſi aiſée.

Dégoûtés des travaux ſolides,
parce qu'ils n'ont jamais fait que
des lectures frivoles, ne ſachant
rien, mais ſe flattant de tout ſa-
voir ; parlant avec facilité, &

n'ayant le courage de rien approfondir, ils se croient supérieurs
aux honnêtes gens qu'ils étour-
dissent par leur babil, & d'une
autre nature que ceux qu'ils
éblouissent par l'étalage d'un luxe
scandaleux ; ils traînent dans les
grands emplois qu'ils parcourent,
leur insuffisance, l'oubli d'eux-
mêmes & du genre humain. Ils
deviennent insolens, injustes,
despotiques, furieux à la seule
apparence d'une contradiction,
incapables de la moindre démarche sensée, & plus encore de
réparer leurs folies.

Après une vie inquiete, em-
poisonnée par l'ennui, vainement
diversifiée par des plaisirs trop
souvent honteux, ils meurent
enfin dans l'enfance incurable
où ils ont passé tant d'années, &
la postérité ne conserverait pas

même le souvenir de leur existence, si les traces multipliées des
maux qu'ils ont faits, n'éterni-
saient leur odieuse mémoire.

Quelque terrible que soit sur
cette partie de la jeunesse, & par
conséquent sur toute la société,
l'influence des arts devenus com-
muns, ce n'est pourtant pas celle-
là que je propose d'en sevrer.
L'éducation des enfans dans
cette classe d'hommes est devenue aujourd'hui, comme tout le
reste, un objet de luxe soumis à
la mode & à ses caprices. On les
confie à un gouverneur du bel
air, comme on fait travailler des
chevaux neufs par un écuyer
accrédité. Il faut, malgré qu'on
en ait, leur apprendre à marcher
sur le bon pied, & leur donner
les allures d'usage.

Or celle du grand monde de
nos jours étant de déserter sur

tous les arts , de deſſécher des papillons , d'apprécier des pie- ces de théâtre , & d'en jouer ſoi-même quand on eſt aſſez mo- deſte ou aſſez pareſſeux pour n'en pas faire ; il eſt clair qu'éloigner les jeunes gens deſtinés à figurer, des élémens de ces ſciences pro- fondes, ce ſerait les abrutir par une éducation gothique , & riſ- quer de les rendre incapables de tout.

J'avoue donc naïvement que je n'écris ici que pour les bour- geois , pour les roturiers ſans conféquence , à qui il eſt per- mis de veiller au repos de leurs familles, & de ſouhaiter que tous les individus en ſoient utiles pour les autres, & heureux eux- mêmes.

Si j'entre par la ſuite dans quel- ques détails ſur l'effet des ſciences relativement à la maſſe de la ſocié-

té & de l'adminiſtration en général, ce n'eſt pas que je me flatte que
ceux qui la dirigent, veuillent
jamais en profiter, ni pour eux,
ni pour leur poſtérité; c'eſt que
ces particularités dépendront ſi
naturellement de mon ſujet, qu'il
ne me ſera pas poſſible de les en
détacher. Elles completteront
l'hiſtoire que je veux faire des
inconvéniens inſéparables de la
littérature perfectionnée.

Quand on lui verra empoi-
ſonner toute une nation dans ſes
chefs & dans ſes membres, on
ſera plus frappé de ſes dangers;
& l'énumération des malheurs
qu'elle cauſe aux particuliers qui
la cultivent, recevra une nouvelle
force de celle des infortunes qui
accablent néceſſairement un peuple où ils ſe trouvent en grand
nombre.

On m'objectera ſans doute,
comme.

comme on a fait à l'illustre Citoyen de Geneve, que j'exerce
moi-même l'art que je décrie,
& que j'abuse de ses ressources
pour le dégrader. Ce reproche
pourrait être fondé ; mais bien
loin d'en rougir, je me ferais un
honneur de le mériter. Cultiver
les lettres, & avouer franchement
qu'elles ne produisent que des
fruits funestes, c'est être juste, &
non pas inconséquent. La nature nous donne quelquefois
des goûts impérieux, qui deviennent irrésistibles, quand l'habitude les a fortifiés. Est-ce
donc une raison pour s'en ap-
plaudir?

Un homme qui se sent dé-
chirer les entrailles par le ver so-
litaire, est-il obligé de faire le
panégirique de l'insecte meurtrier
qui le dévore? Un joueur qui
passe la vie entre les convulsions

de l'eſpérance & l'aliénation du déſeſpoir, qui déteſte les réduits où on l'égorge à petits coups, & qui ne peut s'en arracher, ſerait-il donc obligé, pour ſon honneur, de faire l'éloge de ſa paſſion ? Serait-il blâmable d'élever de tems en tems la voix, & de dire aux ſpectateurs, apprenez par mon exemple à ne pas m'imiter.

Il eſt vrai que les belles-lettres deviennent néceſſaires à ceux qui s'y ſont accoutumés. Il en eſt d'elles comme du tabac & de l'opium, dont on ne peut plus ſe paſſer, quand une fois on a commencé à en prendre. Tout le monde convient du danger de ces deux drogues pernicieuſes : l'une deſſeche les fibres du cerveau en les irritant ; l'autre ne les attaque pas avec moins de force : elle retranche l'intervalle qui doit se trouver entre la jeunesse & la caducité : elle rend voisines ces deux extrêmités de la vie. Cependant tel est l'effet de l'habitude, que la privation en ce genre deviendrait funeste. L'usage de ces poisons est presque justifié par l'impossibilité de s'en passer.

On peut en dire autant des sciences, & de toutes les bagatelles qui en dépendent. Quiconque a eu le malheur de les estimer trop & de s'y exercer, se trouve bientot hors d'état d'en perdre le goût. Tout infortuné à qui la nature a donné ce qu'on appelle du talent pour les lettres, & chez qui une éducation indiscrete l'a développé, doit s'attendre à un combat perpétuel avec lui-même, soit qu'il veuille les quitter, soit qu'il continue à s'y livrer. Il ne saurait être heureux en entretenant leur commerce, & ne peut être que malheureux en le rompant.

Mais cette triste alternative n'est-elle pas, pour ceux qui en éprouvent l'amertume, un motif suffisant de travailler à garantir ceux qui peuvent encore s'en préserver ? C'est par la peinture naïve de leurs infortunes, qu'ils doivent expièr le danger de l'art funeste, qu'ils ne peuvent quitter. Ils sont obligés en conscience à réitérer cette proclamation importante ; & le seul moyen qu'ils aient de réparer en quelque sorte, ou d'adoucir le tort qu'ils font d'ailleurs au genre humain, c'est de prémunir par le récit de leurs humiliations, les jeunes gens contre la tentation de les imiter, comme les animaux pris dans un piege qu'ils ne peuvent briser avertissent par des gémissemens plaintifs, leurs petits de s'en éloigner.

A MADAME D...

Vous voilà devenue mere, ma chere sœur : vous avez des enfans qui croissent sous vos yeux & qui se forment entre vos mains. Vous applaudissez aux dispositions naturelles qui s'annoncent en eux, malgré la légéreté de leur âge. Peut-être en voyant la carriere que leur oncle parcourt, vous flattez-vous qu'ils pourront un jour s'y présenter avec succès. Peut-être vous faites-vous un plaisir de cultiver ces talens naissans, dans l'espérance d'avoir part, avec le tems, à la gloire que peut produire leur développement.

On dit d'une Romaine fameuse, qu'elle s'énorgueillissait des succès de ses fils, & qu'on ne pouvait lui donner un nom plus agréable pour elle que celui de mere des *Gracches*. Il y a loin, sans doute, d'un bel esprit de nos jours à un orateur de Rome; mais enfin vous éprouveriez peut-être la même satisfaction que la fiere Cornélie, si vous vous trouviez deux fils devenus célebres, quoique dans un autre genre que les siens. Vous vous croiriez payée des peines de leur éducation, en partageant l'éclat de leur triomphe.

Ce préjugé, ma chere sœur, est excusable, mais il est dangereux. Il ferait difficile d'en nourrir un plus nuisible pour votre repos, & pour celui de votre famille. Puisque c'est moi qui en ai été l'occasion, je suis obligé d'entreprendre de le guérir. Je vous dois un préservatif contre cette prévention funeste, qui vous fait envisager la culture des lettres comme une occupation honorable & avantageuse.

J'ai vû de près toutes les claſſes d'hommes, qui fertiliſent par leurs travaux, ou qui déſolent par leurs excès cette terre dont nous ſortons un inſtant, pour y être bientôt renfermés à jamais. Dans cette foule d'êtres malheureux, les uns par l'abus de la jouiſſance, les autres par la dureté des privations, il n'y en a point qui m'aient paru plus à plaindre & plus à redouter, que cette diviſion brillante, devenue aujourd'hui ſi nombreuſe ſous le nom de *gens de lettres.*

Liſez attentivement les aveux cruels que la vérité va m'arracher : méditez les détails, dont une longue & dure expérience m'a trop inſtruit, & vous verrez s'il convient à une mere tendre de pouſſer ſes enfans vers cette roche aride & ſauvage, où la gloire littéraire a, dit-on, établi ſon temple, où l'on n'apperçoit vers le ſommet que des lauriers flétris, & dont le pied eſt infecté par mille inſectes venimeux,

par mille monstres formidables, que
les charmes de Médée elle-même ne
pourraient assoupir.

Quelle est, dites-moi, la vie d'un
homme de lettres ? Que peut-il attendre de ses efforts, sinon une obscurité pénible, ou des honneurs tardifs ?
Sa vie est toujours semée d'épines, si
quelquefois ses cendres sont couron-
nées de fleurs. L'éclat n'est attaché
qu'à ses chûtes. Un moment le deshonore, & il faut des siecles pour
l'illustrer.

C'est une vérité triste & au-dessus
de toute réplique. Une trop longue
expérience l'a constatée. Sachez que
tout le fruit, même de ce qu'on appelle un bon ouvrage, c'est d'amuser
un petit nombre de gens oisifs, & d'a-
vilir ou de compromettre son auteur.
En disant la vérité, il s'expose aux reproches des hommes, & à ceux de
son cœur s'il la déguise. Quiconque
se mêle d'écrire doit se résoudre, ou

à

à être perſécuté, ou à rougir à ſes
propres yeux.

Ouvrez les annales de la littérature. Parcourez ces archives, dont la
ſuïte non interrompue ne laiſſe aucun
intervalle entre nous & les premiers
poëtes ou philoſophes Grecs. Y voyez-
vous autre choſe que de très-petits
ſuccès, ou des infortunes effrayantes ?
Depuis les tems d'Homere & de So-
crate, juſqu'à ceux-ci, appercevez-
vous ſur cet océan orageux autre choſe
que des naufrages ?

Ces deux hommes ſont dans l'anti-
quité, ceux dont la réputation a le
plus de quoi faire des jaloux & des admirateurs. Cependant l'un, aveugle
& pauvre, ne ſoütint ſa vie qu'en
mendiant ſon pain dans la rue ; l'autre
périt d'une mort violente, ſous les
yeux & par l'ordre de ſes citoyens
qu'il avait éclairés.

On en fit des dieux, il eſt vrai,
quand il eurent ceſſé de vivre : on

offrit des facrifices à leurs ombres : on
éleva des temples fur leurs tombeaux ;
mais cette expiation puérile des malheurs de leur vie fuffifait-elle pour les
réparer ?

Sept villes, dit - on , fe difpu-
terent l'honneur d'avoir produit l'auteur de l'Iliade ; mais n'aurait-il pas
été plus honorable pour elles, de lui
épargner la honte & l'amertume de
ne fubfifter que d'aumônes ?

On maffacra l'accufateur de So-
crate. On donna des prêtres à ce philofophe qu'on rougiffait d'avoir em-
poifonné. Mais n'eût-il pas mieux valu
brifer le vafe où fes ennemis fe prépa-
raient à lui préfenter la ciguë, que
d'arrofer du fang des victimes fes
cendres refroidies ?

Si des Grecs vous paffez aux Romains, vous verrez Plaute, expirant
de mifere dans un moulin, ne répon-
dant que par des larmes & des fan-
glots aux éclats de rire qu'excitaient

ſes ouvrages ſur le théâtre, & trouvant moins de reſſource dans la compaſſion des hommes, que dans celle des animaux ignobles dont il dirigeait le travail. Vous verrez Lucain égorgé par les ordres d'un tyran qu'il avait eu la baſſeſſe de flatter, Séneque éprouvant le même ſort, & mille autres, qui, avec moins de réputation, ont eſſuyé dans les tems poſtérieurs des revers auſſi déplorables.

Que direz-vous de l'inutile amant d'Héloïſe, plus malheureux par la culture de ſon eſprit que par la dégradation de ſon corps, qui, ayant à ſouffrir les inſultes du fondateur de Clervaux, & le déſeſpoir de l'abbeſſe du Paraclet, ſe trouvait encore plus à plaindre d'avoir conſervé la faculté de diſtinguer les ſophiſmes de ſon ennemi, que d'avoir perdu celle de répondre aux ſoupirs enflammés de ſa maîtreſſe ?

Que penſerez-vous de Ramus, aſfaffiné par fes propres écoliers, dont il était le pere, plutôt que le maître; de Defcartes, banni de la France & de la Hollande pour le petit nombre de vérités qu'il avait découvertes, perfécuté dans toute l'Europe, où, quarante ans après, on l'adorait pour ce qu'il avait dit de faux; d'Arnauld, dont les infortunes ont encore furpaffé le mérite, & que la Providence n'aurait pu dédommager de fes malheurs, qu'en le faifant notre contemporain; du poëte Rouffeau enfin, chargé pendant fa vie d'un châtiment & d'un opprobre, contre lequel il a inutilement protefté à fa mort?

Si vous rejettez les yeux fur ce qui fe paffe de nos jours, y trouverezvous les gens de lettres plus heureux? Confidérez ceux d'entre eux que la voix publique place au premier rang. Calculez combien il leur a fallu de tems, de fatigues, de travaux, & furtout de talens, pour dompter l'hydre de l'envie. Ce n'est qu'après vingt ans de traverses, encore plus que de succès, qu'ils parviennent à jouir de leur supériorité. S'il était possible de séparer leur gloire des peines dont elle est la récompense, si l'on pouvait faire paraître à côté de leur réputation les longues angoisses dont elle est le fruit, qui de nous voudrait au même prix devenir aussi célebre ?

Je sais que quelques gens de lettres fameux ont trouvé moyen, en apparence, d'échapper à la proscription générale qui semble menacer tout leur ordre. Virgile, Horace, par exemple, & plusieurs autres ont mené une vie douce & tranquille, autant que l'histoire peut le faire conjecturer : ils ont joui paisiblement des bienfaits de leurs maîtres : ils paraissent n'avoir jamais essuyé d'autres peines que celle d'en marquer leur reconnoissance.

Peut-être serait-il permis d'en douter. Le succès de leurs vers devait faire des jaloux. Il était impossible que la familiarité de Mécenas & les bienfaits d'Auguste ne réveillassent l'envie. Ils ne craignaient peut-être pas le sort d'Ovide : ils n'appréhendaient pas de mourir comme lui dans une terre barbare, par l'ordre du tyran qu'ils fatiguaient comme lui de leurs adulations ; mais il est probable qu'ils avaient à se défendre, comme tous les hommes célebres, des manœuvres de la haine aiguillonnée par leur mérite, & encouragée par leur réputation.

Qui peut assurer que les prêtres de Priape n'ayent pas demandé vengeance de cette piece, où Horace attribue l'existence de leur dieu au caprice de l'ouvrier, qui avait dédaigné d'en faire un banc ? Qui peut dire qu'on n'ait pas cherché dans l'Enéïde quelque rapport secret avec les mysteres du nouveau gouvernement ; qu'au milieu des allusions flatteuses,

dont elle eſt remplie, on n'ait pas ſup-
poſé quelque allégorie outrageante,
pour en rendre l'auteur ſuſpect, & le
noircir à jamais dans l'eſprit de ſon
bienfaiteur ?

Quand ils auraient pu échapper à
tous ces dangers, croyez - vous que
leur reconnoiſſance même pour l'op-
preſſeur de Rome, & la néceſſité d'en
parler ſi ſouvent, n'ait pas fait leur
ſupplice ? Ces louanges ſi pompeuſes
n'étaient point le tribut volontaire
d'un cœur pénétré. C'étaient des det-
tes exigibles dont il fallait s'acquitter
dans le tems fixé. Auguſte les avait
pris à ſa ſolde, pour adoucir, par eux,
l'horreur qu'inſpirait ſon uſurpation.
Il les chargeait d'orner l'édifice de la
ſervitude, élevé ſur les ruines de la
liberté romaine. Il les regardait comme des peintres capables d'étendre un
vernis ſéduiſant ſur un objet difforme
qu'il craignait de laiſſer appercevoir.
Il en feſait les décorateurs de la ty-
rannie. C iv

Pouvaient-ils ſe diſſimuler la baſſeſſe d'une pareille fonction ? Peut-on ſe perſuader qu'ils ne ſentiſſent pas combien un pareil miniſtere était aviliſ-ſant ? Quand on lit les odes ou les épîtres d'Horace, & l'hiſtoire : quand on rapproche les proſcriptions des Géorgiques ou de l'Enéide, l'indigna-tion dont on ſe ſent ſaiſir à la vue des éloges prodigués au prince par les poëtes, ne fait-elle pas deviner quels remords ont dû déchirer le cœur des uns, quelle honte a dû les accabler, lorſque leur main tremblante allait porter un hommage ſi fade & ſi cou-pable aux pieds du premier ?

Il eſt vrai que tous les littérateurs n'ont pas le droit de prétendre à des périls ſi glorieux. Il ne leur appartient pas à tous de ſe deshonorer par des ouvrages ſi eſtimés. Deux ou trois hommes, dans l'eſpace de pluſieurs ſiecles, parviennent à être criminels comme Jean-Jacques Rouſſeau, ou

flatteurs comme Virgile. Les autres
essuient des dangers moins éclatans :
leur audace ou leurs adulations restent
plus obscures.

Ne croyez pas cependant que leur
vie en soit moins agitée, ni qu'au
fond de l'ame ils aient plus à s'en ap-
plaudir. Mille désagrémens de toute
espece les investissent dès l'entrée de
la carriere. La littérature est la forêt
enchantée du Tasse. Les Tancredes &
les Renauds y rencontrent de tous
côtés des géans terribles, ou des murailles de feu : & les simples soldats
mêmes n'y sauroient faire un pas sans
se voir entourés de monstres plus ef-
frayans les uns que les autres.

Je ne parle point des fatigues de la
composition. Il ne faut point les mettre
au rang des malheurs pour ceux qui
les essuient. Quiconque écrit avec
quelque facilité n'est point à plaindre,
tant qu'il n'a affaire qu'à son papier.
L'instant où l'on travaille à se donner

une postérité en tout genre, a trop d'attraits pour ne pas éblouir sur les désagrémens qui en font la fuite. L'esprit comme le corps est payé d'avance des douleurs de l'enfantement par les plaisirs qui précedent la conception. Je ne connaîtrais pas sur la terre d'état plus heureux que celui d'homme de lettres, s'il ne fallait, pour s'y distinguer, que s'occuper dans son cabinet.

C'est un temple sacré que l'amour propre deffert avec le plus grand zele. Il veille pour en écarter tout ce qui pourrait troubler la satisfaction du dieu qui l'habite. Il n'y laisse entrer qu'un jour doux, trop faible pour découvrir les défauts d'un ouvrage, & assez fort pour en faire sortir les beautés. Il favorise, fans qu'on s'en apperçoive, la vanité d'un écrivain. Il répand devant ses yeux un nuage bienfaisant, propre à nourrir sa crédulité, & par conséquent son bonheur.

Tant qu'il se contente de caresser ainsi dans l'obscurité ces enfans qui y sont nés, il jouit du sort le plus flatteur. Il a même quelquefois le plaisir de les exposer aux yeux de ses connoissances *intimes*, à qui l'amitié impose la nécessité de montrer de l'indulgence. Il sollicite leurs critiques avec cet air satisfait qui demande des éloges. Il est aisé d'appercevoir qu'il attend des applaudissemens, & non pas un examen sévere. On répond donc à ses intentions plutôt qu'à ses paroles. On a rarement le courage de lui montrer une sincérité affligeante.

Mais il se lasse bientôt de n'avoir que soi & ses amis pour témoins de son mérite. Il veut tenir son esprit multiplié dans ses mains. Il veut le voir répandu & fixé sur plusieurs rames de papier. Il songe à donner une édition. C'est le seul moyen de frapper les yeux de ses contemporains, & de s'assurer un droit à l'estime de la postérité. Son imagination leve déja le voile qui nous en sépare : il jouit d'avance du mouvement que son ouvrage doit y produire, à ce qu'il lui paraît.

Il se hâte donc de chercher à se faire imprimer. Il s'intrigue pour s'assurer d'un ouvrier qui donne un corps aux productions de son esprit. C'est à cet instant que l'illusion se dissipe ; c'est-là que les amertumes commencent, & que finissent les plaisirs.

Je ne parle pas ici des précautions que le gouvernement croit devoir exiger pour arrêter les plumes qui pourraient être tentées de prendre un essor trop libre ; de la censure rigoureuse qui précede toujours l'impression. C'est une gêne sans doute ; mais personne n'est à plaindre de se voir contraint d'obéir aux loix de son pays, sur-tout quand elles sont générales & exécutées sans distinction. Celles-là ont au moins ce mérite : & d'ailleurs l'objet de leur établissement ne permet pas d'en approfondir la nature. Elles perdraient leur utilité, fi elles étaient fujettes à l'examen. Elles ne font point foumifes à une difcuffion hardie, puifqu'elles font deftinées à empêcher celles de ce genre.

Je laiffe donc à part cette efpece de défagrément que les procédés des cenfeurs commis à la révifion des manufcrits peuvent adoucir, & que leur politeffe rend en effet quelquefois moins fenfible. Je n'ai en vue que les traitemens qu'un écrivain doit attendre de la part de tous ceux à la difcrétion de qui le livre l'emploi de fes talens. Depuis le libraire qui l'imprime, jufqu'au public qui le juge en dernier reffort, il n'y a perfonne qui ne fe croie en droit de l'apprécier avec infulte, & de l'outrager fans ménagement.

La littérature eft devenue de nos jours un véritable objet de finance. C'eft un courtage perpétuel : on n'y parle que de vente & de revente : c'eft une place de commerce, où l'on fait bien plus usage du calcul que du génie. Quel triste, quel humiliant essai que celui d'un écrivain, jeune, inconnu, qui se présente pour la premiere fois sur cette *place* funeste, qui s'y produit pour agioter un manuscrit, avec le desir & l'espérance de sortir de son obscurité ! Je ne connais dans le monde que le début d'un auteur dramatique qui soit aussi désespérant ; encore celui-ci éprouve-t-il quelque sorte de consolation dont l'autre est privé.

Si un poëte tragique ou comique parvient une fois à étouffer dans son cœur la délicatesse qui murmure : s'il peut en venir à regarder les comédiens, non pas comme des baladins flétris qui l'outragent, mais comme une espece d'artistes estimés dont il a besoin : s'il lui est possible de ne se croire que leur égal, ou au moins de se contenter en gémissant de n'occuper parmi eux que le dernier rang,

pour s'élever ensuite infiniment au-
deſſus d'eux : il dévore avec moins de
peine le mépris & le dédain qui l'aſſail-
lent, quand il paroît, une piece à la
main, devant ce qu'on appelle l'*aſſem-*
blée (1).

S'il eſt jeune, comme c'eſt l'ordinaire, le ſpectacle de pluſieurs actri-
ces, ou jolies ou parées, l'empêche
d'appercevoir la hauteur avec laquelle
il en eſt reçu. Il ſe courbe avec moins
de répugnance devant les trônes où
il les voit majeſtueuſement aſſiſes.
L'impoſſibilité de ſe paſſer de leur ſecours, la dépendance abſolue où eſt
ſon eſprit, de leur talent, le rendent
moins délicat ſur les affronts dont
elles l'accablent. Cette conſidération

---

(1) C'eſt, ſi je ne me trompe, le nom
que l'on donne aux comités que tiennent
entre eux les comédiens, ſoit pour le ré-
glement de leurs affaires, ſoit pour procé-
der au jugement des pieces qu'on leur pré-
ſente.

adoucit à ſes yeux l'air altier des met-
teurs en œuvre qui jugent eux-mêmes ſa piece, avant que de l'expoſer
à la cenſure du public.

Mais l'infortuné qui aborde un libraire avec un manuſcrit, retire de ſa
démarche tout autant d'humiliations,
& n'en a pas les foibles dédommage-
mens. Je crains de m'engager dans
des détails qui paroîtraient ignobles
malgré leur vérité. Les perſonnes
dont ils choqueraient le plus la déli-
cateſſe, ſeraient celles qui en auraient
le plus patiemment enduré l'amertume, ou dont ils découvriraient plus
nettement les procédés. On me repro-
cherait d'en avoir fait l'énumération
par un eſprit de vengeance ou d'intérêt. On ſoutiendrait que quand ils ſeraient auſſi réels que je le ſuppoſe, ce
ſont de ces vérités qu'il faut cacher;
& qu'un homme de lettres, un auteur
d'ouvrages imprimés eſt plus obligé
qu'un autre à cette circonſpection politique,

litique, par la raison qu'un parent ne révele pas les accidens honteux qui arrivent dans sa famille.

A la bonne heure : passons donc à d'autres objets plus honnêtes, & qui se puissent traiter avec moins de répugnance.

Je n'ai encore parlé que des désagrémens du début. Que serait-ce donc si je suivais un auteur dans tout le cours de sa carriere ? Que diriez-vous si j'exposais à vos yeux le sort qui lui est réservé, quand après avoir souffert & vaincu les dédains d'un libraire, il entend enfin la presse gémir pour lui, & qu'il a la satisfaction de voir *tirer* son ouvrage, prêt à se répandre dans les mains du public ?

Ce moment est beau sans doute pour un écrivain quel qu'il soit. Un pere est toujours flatté de tenir sur ses genoux l'héritier qui doit perpétuer son nom : il l'embrasse : il le serre avec tendresse à l'instant de sa naissance. Il

en anatomife les traits avec avidité ,
pour juger de leur reffemblance avec
les fiens ; & , quelque difformes qu'ils
paroiffent aux yeux d'un étranger , il
en eft fatisfait , parce que l'amour
propre ne lui permet pas d'en faire la
critique.

Il en eft de même du premier exem-
plaire d'un ouvrage. L'auteur le lit &
le relit avec délices. Il femble que la
netteté de l'impreffion lui donne un
nouveau mérite. Il croit y découvrir
des beautés que le manufcrit ne lui
avait point fait appercevoir. Cette
journée lui procure un plaifir auffi vif
que peu durable, Mais par combien
de regrets ne paie-t-il pas cette vo-
lupté cruelle ? Sa première impreffion
chatouille, & ne tarde pas à fe changer en une cuiffon infupportable.

Il ne fuffit pas d'être imprimé : il
faut encore être lu. Ce n'eft pas affez
qu'un livre foit relié , & rangé pro-
prement fur les tablettes du libraire,

Ou tristement emballé dans les caisses qui vont courir les provinces. On exige qu'il fasse du bruit; qu'il se trouve sur les bureaux, sur les toilettes, dans les bibliotheques. Il est à souhaiter qu'il occasionne des disputes, & qu'on en parle dans les cercles. Il ne peut lui arriver rien de plus heureux, que d'occuper la prodigieuse foule de gens oisifs qui soulagent leur ennui par des conversations frivoles comme eux. Leur désœuvrement les rend assez propres à devenir les trompettes de la renommée. Pour parvenir à la célébrité, il faut les faire sonner en bien ou en mal. C'est ce fracas, cet éclat flatteur, qui met le sceau aux réputations.

Un auteur peut être ignoré lui-même, & vivre sans rougir dans la retraite. Il ne perd rien de sa gloire à laisser sa personne loin des regards; mais cette espece d'incognito lui paroîtrait un grand mal, s'il s'étendait

jusqu'à ses productions. Il est bien dur
pour lui de les voir condamnées à
mourir dans la poussiere d'un magasin,
ou se débiter sans bruit. Le comble de
la honte pour elles, c'est de ne faire
aucune sensation dans le public, & de
disparaître après l'honneur obscur
d'une seule édition.

Telle est cependant la triste desti-
née des gens de lettres, qu'ils ne peuvent éviter ce sort affligeant, que par
un autre encore plus fâcheux. Ils perdent leur tranquillité, s'ils veulent
donner du mouvement à leurs ouvrages. Il faut recourir aux intrigues,
aux protections, & par conséquent
se résoudre à sacrifier ou son repos ou
son honneur, & souvent tous les
deux.

Ne pensez pas qu'ils puissent dire
comme Ovide : *Vas, mon livre, vas
sans moi dans la ville.* Non, ma chere
sœur, il n'en est pas ainsi de nos jours.
Les productions littéraires sont des en-

fans délicats, qui ne marchent feuls
que long-tems après leur naiffance.
Si dans le commencement le tendre
pere n'a foin de les conduire par la
main, s'il ne s'empreffe à les foutenir, à multiplier autour d'eux les ap-
puis, quelque bien conftitués qu'ils
foient par eux-mêmes, vous les voyez
lauguir, chanceler, fe traîner trifte-
ment pendant quelques minutes, &
aboutir enfin à une chûte dangereufe
dont ils ne fe relevent plus.

Ne croyez pas que le mérite feul
fuffife pour les garantir de ces accidens. Quiconque ne fait que bien-faire
reftera toujours ignoré. L'affiduité à
faire fa cour à je ne fais quelles femmes, à je ne fais quels hommes, la patience à fouffrir leurs rebuts, leurs
plaifanteries, voilà les degrés de la
gloire ; c'eft avec ces reffources qu'on
s'éleve à la réputation, comme dans
les plus magnifiques palais on arrive
prefque toujours aux appartemens par

des escaliers étroits & des corridors
obscurs.

Un auteur devenu célebre, a presque toujours commencé par être le
jouet des sociétés mêmes qui l'ont
ensuite le plus prôné. Ces femmes
qui se chargent en personne du débit
d'un livre, qui vont quêter de maison
en maison de l'argent & des suffrages
pour la médiocrité qu'elles ont vu
ramper à leurs toilettes ; ces protec-
trices zélées d'un poëme sans goût,
ou d'une traduction insipide, se font
long-tems diverties des grimaces du
jeune poëte, ou de la plate physiono-
mie du vieux traducteur. Ce font pour
ainsi dire les restes de leurs plaisirs
qu'elles offrent à l'adoration du public.
C'est quand elles font fatiguées de s'en
amuser, qu'elles les élevent sur le pié-
destal, où elles se font un jeu nouveau
de les encenser elles-mêmes.

Qui croirait pourtant que ces sin-
geries bouffones deviennent le fon-

dement solide d'une réputation ? Le public séduit par l'apparence , se prosterne aux pieds de l'idole , sans s'appercevoir du badinage des prêtresses qui l'ont consacrée. Peu à peu , à force de croire la chose sérieuse , elle le devient ; on étouffe les réclamations par l'autorité ; on subjugue les opposans par l'exemple ; toute la nation applaudit à la fin au choix de ces assemblées folâtres où la mode préside , & que le caprice seul & la folie dirigent : autre sujet de chagrin pour le mérite réel, dont la sombre fierté a éloigné les protecteurs , & qui n'ayant pu flatter par des complaisances, ni désennuyer par des singularités , est réduit à attendre du tems une considération tardive, dont il est bien rare que la mort le laisse jouir.

Supposons pourtant qu'il perce , ou par ces moyens qui l'avilissent, ou par cette patience qui le retarde,

croyez-vous qu'il foit pour cela au-
deſſus des difficultés & des humiliations?

Vous avez entendu parler de Ca-
rybde & de Scylla. Vous connaiſſez
par les fables des poëtes ce détroit où
les vaiſſeaux eſſuyaient l'alternative
d'être briſés contre un rocher terrible,
ou engloutis dans un abîme profond.
Telle eſt la route par laquelle on arrive
aux honneurs de la littérature. Un
auteur s'y trouve toujours preſſé entre la honte & l'envie. L'une l'anéantit s'il échoue ; l'autre le déchire s'il
réuſſit.

Dans les deux cas il riſque également-
ment d'être le jouet de la ſatyre : car
l'obſcurité même n'eſt pas toujours un
aſyle contr'elle. Pareil aux animaux
carnaciers qui, au défaut d'une autre
proie, ſe rempliſſent l'eſtomac de terre
& de fange, ce monſtre odieux ſe
rabat ſur les écrivains médiocres,
quand il a inutilement pourſuivi les
                              grands

grands hommes qui lui échappent.
s'acharne sur les premiers : il les dévore
avec avidité. C'est à cet aliment mal
sain qu'est dû de nos jours l'embon-
point de tant de libelles qui , sous dif-
férens noms , infestent les avenues de
la littérature.

Voilà donc , doit se dire à lui-
même tout homme qui se consacre au
pénible métier d'auteur , voilà le fruit
que je tirerai de mes travaux. Voilà
ce que me vaudra mon application à
ces puérilités funestes auxquelles les
hommes prodiguent des titres si magnifiques , qu'ils décorent dans la société
des noms d'arts , de sciences , de belles-lettres , &c. Je leur donnerai mes
plus beaux jours. Je leur sacrifierai le
bonheur , le repos de ma vie ; & pour
toute récompense, il faudra me borner
à fournir la matiere d'une plaisanterie,
à occasionner & à souffrir les mots
bons ou mauvais du premier envieux
qui voudra m'attaquer.

Tous ces abus, dira - t - on , font vrais : mais enfin ils ne font ni univerfels , ni infurmontables ; s'ils peuvent inquiéter les grands génies , ils ne font pas capables de les renverfer. Ceux-ci , dès qu'ils font parvenus à fe faire connaître , peuvent compter fur l'eftime du public. Il fe font des partifans & des admirateurs. L'enthoufiafme qui les anime , paffe dans le cœur de ceux qui lifent leurs ouvrages. Le bruit des applaudiffemens compenfe , & même étouffe celui des cenfures.

Vous le croyez , ma chere fœur : cela peut être vrai quelquefois ; mais c'eft bien rarement pendant fa vie qu'un écrivain peut jouir de l'admiration qu'il excite. Oubliez-vous donc ce funefte axiome dont je vous ai donné tant de preuves ? Le public eft l'ennemi juré des vivans. Il devient toujours pour eux le plus inhumain de tous les maîtres , & le moins équitable de tous les juges. Les morts feuls ont droit à ſes hommages. Ce n'eſt qu'au pied des tombeaux qu'il va brûler ſon encens.

De tous les hommes célebres dont il reſpecte aujourd'hui la mémoire, il n'y en a pas un qu'il n'ait outragé avec emportement, tant qu'ils ont pu être ſenſibles à ſes inſultes. Il reſſemble à ces ours furieux qui déchirent les animaux vivans, & paraiſſent ſe faire un devoir de ménager les cadavres. Il éclate contre le mérite des contemporains, & laiſſe à la poſtérité le ſoin de les juſtifier.

En ſuppoſant qu'il applaudiſſe quelquefois avec éclat aux efforts de leur bon tems, cet honneur même qu'il leur rend devient pour eux dans la ſuite une ſource d'amertumes & d'humiliations. Il ne leur permet pas de vieillir impunément. Les fruits de ces arbres qu'il trouvait ſi agréables dans leur jeuneſſe, il les rejette avec dé-

dain, dès que l'âge les a fait dégénérer.

Il confidere avec admiration les
reftes défigurés de quelque mafure an-
tique. Il s'extafie devant un morceau
de vieille architecture, dont le tems a
ruiné les fondemens, où il ne refte
plus que des maffes confufes, des dé-
bris fufpendus en l'air, & toujours
près d'écrafer les amateurs ftupides
qui s'épuifent en conjectures pour en
deviner les proportions.

Il devrait au moins, ce femble, les
mêmes égards à ces efprits divins qui,
après avoir donné fi long-tems l'exemple d'une élévation majeftueufe, commencent à éprouver le fort de l'humanité, & que la fucceffion des années
livre à un dépériffement inévitable.
Il devrait envifager avec un refpect
compatiffant le coucher de ces aftres
qui jettaient un éclat fi vif dans leur
midi.

A cet égard confultez l'expérience. Voyez comment le public accueille les écrivains, quand la caducité vient blanchir leurs cheveux, & glacer leur efprit. Le cheval de bataille que fon maître relegue inhumainement chez fes fermiers, dès qu'il ne peut plus briller comme autrefois à la tête d'une troupe, éprouve un fort plus doux, que l'écrivain chargé d'années, qui ofe encore fe reproduire dans la lice, & y traîner l'ignominie d'un nom qu'il n'eft plus en état de foutenir. Les fpectateurs l'accablent de huées. Ses jeunes rivaux l'infultent & le renver-fent.

Un clerc pour quinze fols, fans craindre le holà,
Peut aller au parterre attaquer Attila,
Et, fi le roi des Huns ne lui charme l'oreille,
Traiter de Vifigots tous les vers de Corneille.

Infortuné ! à qui l'habitude du triom-phe dérobe le fentiment de fa faibleffe, qui fe refufe aux preuves de la diminution de ſes forces, & finit par être mangé des loups, ſans que ſes bras languiſſans & captifs puiſſent l'en dé-fendre.

Mais au moins, direz-vous encore, il reſte aux gens de lettres une reſſource dans la protection des grands. Ces hommes qui ſont ſouvent punis de leur élévation par les vertiges qu'elle leur cauſe, & de leur opulence par les dégoûts qui en ſont la ſuite, ſentent quelquefois le mérite des arts. Les ſciences & le bel eſprit ſont pour eux comme ces eaux ſpiritueuſes qui ſervent à remettre en mouvement les humeurs trop appeſanties. Ils en ont beſoin pour leurs plaiſirs, pour ſe diſtraire de l'ennui qui eſt leur plus grand fléau, pour remplir le vuide de leur cœur, pour en ranimer l'épuiſement. Il eſt naturel qu'ils ſoient portés à chérir & à payer les mains de qui ils attendent ce ſecours.

A cet égard j'ai peu de choſes à vous

dire. Mais avant que de juger de la valeur des récompenses , examinez par quels moyens on parvient à les mériter. Croyez-moi, les grands ne protegent que ce qui les flatte : j'en parle d'après mon expérience.

Trois ans passés dans les variations d'un esclavage infructueux m'ont trop appris ce qu'il en fallait penser. J'ai imité le lierre. J'ai essayé comme lui de m'élever, en m'attachant à ces chênes qui couvrent la terre de leur ombrage. Mais nous autres faibles plantes , le moindre vent suffit pour nous arracher de dessus ces troncs prodigieux. Ils font trop durs, pour que nous y puissions prendre racine ; & quand nous parviendrions à nous y fixer, la nourriture que l'on en tire ne vaut pas les peines qu'elle coûte. Quoi qu'on dise des grands & de leur reconnaissance, le plus grand bonheur & le plus grand honneur pour ceux qui les servent, c'est souvent de ne trouver en eux que de l'ingratitude.

Telle eſt donc dans toute ſon étendue le cours de la vie d'un homme de lettres. Le commencement l'avilit : le milieu le déſeſpere : la fin le déshonore, s'il ne fait pas ſe défier de ſes forces, s'il s'opiniâtre à ſoutenir d'une main tremblante une plume que ſa tête ne peut plus diriger.

Si pourtant il réſultait de ſes travaux quelque utilité réelle, il y aurait de la grandeur d'ame à s'en charger, au haſard de n'en pas recueillir le fruit. Ce ſerait un véritable héroïſme que de ſe ſacrifier ainſi ſans eſpoir de récompenſe. Mais l'amour propre des écrivains n'a pas même cette reſſource conſolante. Leurs productions ſont accueillies avec d'autant plus de froideur, que les ſujets en ſont plus ſolides & plus intéreſſans.

Quand je parle d'intérêt dans les ouvrages d'eſprit, je n'entends pas le plaiſir paſſager & futile que cauſent

des vers ronflans, ou un roman vo-
luptueux. Je n'ai pas en vue ces bro-
chures de tout genre, de toute grandeur, qu'une frivolité laborieuse présente chaque jour à une frivolité oisi-
sive. Ce font des hochets propres à
amuser l'enfance où retombe notre
siecle. L'intérêt qui en résulte est aussi
méprisable qu'elles.

Je ne reconnais pour ouvrages vraiment intéressans, que ceux qui con-
tiennent une morale utile & bien dé-
veloppée ; je donne ce nom aux livres
qui apprennent aux hommes autre
chose que des mots, à ceux qui les
exhortent à passer en paix le peu de
tems qu'ils ont à gémir sur la terre, à
ne point détremper avec les larmes
de leurs pareils, & moins encore avec
leur sang, cette boue sur laquelle ils
viennent de naître, & où ils vont
bientôt mourir.

Voilà des sujets dignes de frapper
l'attention du genre humain. Voilà

les maximes qui méritent de lui être offertes. Voyez cependant quels profélites font ceux qui les prêchent. Examinez fi le philofophe ou l'hiftorien qui ofent les préfenter fans voile, ont beaucoup de fectateurs.

Le premier, comme je vous l'ai dit, n'excite que la haine. On prend fes leçons pour des fatires : on lui fait un crime impardonnable de fuivre les lumieres de fa raifon. C'eft par-là qu'on effaye de le rendre fufpect aux gouvernemens, & c'eft fouvent par-là qu'on en vient à bout. Ses accufateurs ne fongent pas que ce font euxmêmes qui font à ces gouvernemens la plus cruelle de toutes les infultes, en fuppofant que leurs principes font incompatibles avec ceux de la raifon, en publiant que quiconque s'attache à l'une, eft incapable d'adopter les autres.

Quant à celui qui fe charge d'inftruire la poftérité par le récit des événemens qui l'ont précédée, il court moins de dangers, mais il ne fait pas plus de bien. Il peut dire d'excellentes chofes, je le veux croire. Mais qui eft-ce qui fe foucie d'en profiter après les avoir lues ? On ne le punira peut-être point pour avoir relevé avec éloge dans les fiecles reculés de grands exemples de vertu, ou avec horreur ceux des vices révoltans. Mais voilà tout exactement. Quelque force qu'il donne à fes tableaux, on n'y verra jamais que des figures muettes & fans conféquence. Ses réflexions n'opéreront pas plus que fes récits. L'ame corrompue d'un favori ne fera ni humiliée par la peinture des excès de Séjan, quoiqu'il les imite, ni effrayée par le récit de fa chûte, quoiqu'il foit dans le cas d'en redouter une pareille.

Le plus grand mérite de l'hiftoire eft d'être une véritable comédie : mais quelque fidelement que les mœurs y foient repréfentées, ce n'eft pas à

ceux dont on y joue les foiblesses
qu'elle peut être utile. Jamais les ridicules d'Harpagon n'ont réformé d'a-
vares. Les justes regrets de George
Dandin n'ont guéri aucun parvenu de
la manie de s'allier à des familles no-
bles, de sacrifier à la fois son repos,
son honneur & son argent, pour donner à ses enfans des cousins titrés.
L'assassinat de Jules Cesar, l'horreur
qu'excite encore le nom de Néron,
ne corrigent pas davantage le cœur
gangrené d'un ambitieux, ou l'ame féroce d'un tyran.

Ce n'est pas encore tout : c'est peu
que la littérature ne mene point à la
gloire, qu'elle détourne du chemin de
la fortune, qu'elle attire des ennemis
implacables, que son effet le plus
avantageux soit de faire ressembler
ceux qui la cultivent, aux cloches de
certains couvens, qui sonnent ma-
tines sans que personne y fasse attention ; pensez-vous qu'elle conduise au

moins à la satisfaction intérieure, à
cette paix de l'ame qui vaut seule tous
les tréfors du monde, puifque fans
elle ils ne peuvent être qu'à charge
aux malheureux qui les poffedent?
Ah! fi vous le penfez, défabufez-vous
encore fur ma parole ; rapportez-
vous-en à ma trifte expérience.

Le premier fruit de la littérature,
& le plus certain pour tous ceux qui
s'y livrent, c'eft cette langueur de
l'ame, ce poifon cruel, connu fous le
nom d'ennui, qui la ronge infenfible-
ment. Il s'attache par préférence aux
efprits cultivés, comme la migraine
aux tempéramens délicats. Il les mine,
il les deffeche avec autant de cruauté
que de lenteur.

Si du moins il pouvait les jetter
dans un affoupiffement total, s'il étei-
gnait en eux les paffions, & qu'en faifant naître le dégoût, il pût anéantir
en même tems les defirs, on tirerait
d'un très - grand mal une efpece de

bien. On pourrait s'en louer, comme d'un sommeil léthargique, quand il suspend les douleurs de la gravelle ou de la pierre.

Mais il s'en faut bien qu'il produise cet effet favorable. La délicatesse qui l'occasionne cause en même tems une espece d'inquiétude, qui donne du jeu à toutes les passions. Le besoin de s'amuser, de fuir le vuide où l'on se sent tomber, les ranime. L'ennui, bien loin d'être un frein propre à les modérer, devient un aiguillon qui les rend furieuses & indomptables.

Je n'ai envisagé jusqu'ici la littérature & ses effets que du côté des maux qu'elle attire à ceux qui la cultivent personnellement. Je n'ai parlé que des poisons que cette impitoyable Circé fait avaler à chacun de ses adorateurs en particulier. Que serait-ce si j'examinais son pouvoir contagieux pour la société en général, & les infortunes qui en résultent, pour ceux mêmes

qui ont le bonheur de vivre loin de
ſes enchantemens, ou la ſageſſe de les
dédaigner ?

Ce n'eſt, il eſt vrai, que la plus pe-
tite partie d'une nation qui boit dans
la coupe perfide de la magicienne ;
mais il ne faut pas croire que la plus
obſcure & la plus nombreuſe puiſſe ſe
défendre de la métamorphoſe funeſte
qui en eſt le fruit.

Par tout pays, la paix, la liberté &
la vertu ſuivent l'ignorance, ſoutenue
par la pauvreté & l'amour d'un travail groſſier. Elles fuient d'un empire,
à meſure qu'il s'y trouve plus d'êtres
aſſez opulens pour s'attribuer le droit
de ne rien faire, & aſſez déſoccupés
pour chercher à s'inſtruire.

Alors, des richeſſes vient le luxe, &
de l'oiſiveté les ſciences. Du luxe, &
des ſciences réunies, naît la *philoſophie :*
production funeſte, qui, ſe bornant
d'abord à dégrader les arts, paſſe
bientôt juſqu'aux mœurs, qui éner-
vant le peuple & corrompant les

grands d'une nation, y fait germer avec rapidité la bassesse, l'oubli des devoirs réciproques, & enfin le despotisme (1).

---

(1) Afin de prévenir les équivoques, je dois expliquer ici ce que j'entends par le mot de *philosophie*. Ce mot signifie par lui-même amour de la sagesse; & dans ce sens rien n'est plus admirable que l'idée qu'il présente. C'est l'étude des vrais devoirs de l'homme : c'est une suite de leçons & plus encore d'exemples de sobriété, de tempérance. C'est le frein des passions, ou du moins le remede aux maux qu'elles causent. Cette heureuse philosophie n'a pas besoin des sciences, & peut exister sans elles. Il n'y a rien de si respectable que les hommes qui la possedent, & quand il se trouve des savans qui ont ce bonheur, comme il y en a eu sans doute, & autrefois, & comme il y en a de nos jours encore, c'est certainement en eux un double mérite. Ce n'est point de cette philosophie qu'il est ici question.

Mais on a prostitué ce beau nom à l'esprit raisonneur & sophistique, qui paraît chez tous les peuples à la suite du développe-

A

À en croire les écrivains, ou trompeurs ou trompés, qui vantent avec enthousiasme les avantages de cette philosophie, c'est la consolation du monde, & la sauve-garde de ses habitans. Venez à nous, disent-ils, nous vous enseignerons les loix de la douce humanité, nous vous remettrons dans tous les droits de la raison. Nos préceptes émousseront les poignards de ces disputeurs aigres & cruels qui vous perdent, de ces ambitieux impitoyables qui vous égorgent. Vous recevrez de nous le grand art de vivre libres & paisibles.

Ils vont donc rendre le calme à l'univers. Ils vont être les bienfaiteurs

***

ment des arts, & qui en est le fruit. C'est un insecte rongeur qui éclôt, comme je le ferai voir, de même que les vers, au milieu de la corruption, & qui comme eux s'en nourrit en l'augmentant. C'est cette philosophie pernicieuse, & malheureusement trop commune, dont je parle.

du monde. Pareils à ces fées, protec-
trices des anciens preux, avec des
mots magiques ils fermeront les
plaies de l'humanité. Leurs livres se-
ront des talifmans contre le trouble
affreux qu'enfantent le fanatifme & la
foif des grandeurs. Quand la philofophie aura développé fes aîles fur ce
globe défolé, quand elle l'aura pénétré de fes heureufes influences, on y
verra renaître l'âge d'or; & les hommes, dans l'extafe d'un bonheur foli-
dement affermi, iront baifer les mains
des fages à qui ils le devront.

C'eft par ces peintures féduifantes,
que l'on fait naître l'enthoufiafme &
qu'on le nourrit. C'eft par cet abus
des reffources de l'imagination, que
l'on en vient à faire aimer aux hommes un ferpent qui va leur déchirer
les entrailles. C'eft par-là qu'on accrédite, qu'on affermit dans la fociété
des fyftêmes qui la troublent fans
reffource, & qui néceffitent tôt ou
tard fa deftruction.

On regarde communément l'ambition & le fanatisme comme les deux
plus grands fléaux de la terre. En effet
ces deux monstres, trop souvent réu-
nis, élevent ou à la soif des grandeurs,
ou à l'intolérance, des monumens affreux. Ils s'entourent de cadavres :
c'est en buvant leur sang qu'ils s'ap-
plaudissent de leur triomphe.

Il serait inutile de le nier. Cette vérité, démontrée par l'expérience de
tous les siecles, est une triste preuve
de la faiblesse humaine. L'esprit philosophique, moins destructeur en apparence, est-il moins funeste en effet ?
Parce qu'il est plus tranquille, faut-il
croire qu'il soit moins nuisible ?

L'ambition fait taire les sentimens
naturels ; mais ce n'est du moins que
dans les cœurs qu'elle dévore. Si les
petits, qu'un conquérant subjugue,
ont la sagesse de rester dans leur obscurité, ils peuvent échapper à ses fu-
reurs & à son exemple. D'ailleurs ce

li on féroce se dégoûte du carnage, quand il est une fois rassasié. Il peut, comme Auguste, faire le bien par politique, quand son intérêt ne lui ordonne pas de faire le mal.

Le fanatisme, de son côté, ébranle la terre : il deshonore les maximes consolantes de la religion, par les actions cruelles des enthousiastes : il égare quelquefois les hommes, mais il leur donne la force de marcher. La vigueur qu'il nourrit dans les ames, peut les conduire au crime, mais elle les soutient sur le chemin de la vertu.

L'esprit philosophique au contraire introduit dans le monde un calme perfide. Il n'entraîne peut-être pas nécessairement au vice; mais il empêche presque toujours d'arriver à la vertu. Il n'égorge pas les hommes au nom de Dieu; mais il les empoisonne, il les fait périr par l'abus du luxe. Ce n'est, si l'on veut, ni à des dignités, ni à des argumens scholastiques qu'il les immole ; c'est à des passions secrettes & honteuses.

S'il ne se détruisait pas lui-même à force de détruire, si ses progrès n'anéantissaient pas les sciences dont il est né, si la favorable ignorance ne venait ouvrir un asyle au monde, si par une attention secrette de la Providence, elle ne soutenait autant la population d'un côté, que la philosophie la détruit de l'autre, le genre humain périrait en peu de tems sous les yeux de ses docteurs. Le moment où des sectes orgueilleuses oseraient lui promettre des lumieres, serait voisin de celui où la terre manquerait d'habitans.

● Ceci n'est point une de ces récriminations odieuses, dont l'atrocité diminue la force. On voit dans les siecles illustrés par la philosophie, la population diminuer, les arts dégénérer, & la liberté, compagne ordinaire de la vertu, céder la place à la basse servitude, suivante inséparable du vice.

Alors les hommes, plus éclairés sur leurs devoirs, deviennent moins scrupuleux à les violer. Ils connoissent mieux le prix de la vertu : mais ils sentent mieux aussi l'utilité du vice & ses agrémens. La morale dispersée dans les livres perd la force nécessaire pour diriger les actions.

Des mains habiles mettent au jour les plus secrets liens de la société. Elles pénetrent tout le jeu du corps politique : mais ce corps devient bientôt pareil aux squelettes, où les anatomistes ne peuvent chercher les organes de la vie, qu'en les détruisant. Ses muscles, ses ressorts ainsi désassemblés, dépouillés des voiles favorables qui en entretenaient la souplesse & l'union, n'offrent plus que l'image de la mort, avec un appareil de science aussi fastueux qu'inutile.

Alors on entend disserter avec grace sur le bonheur, & les oreilles ne sont frappées que des gémissemens des malheureux. Des philosophes élégamment vêtus prodiguent les éloges aux lumieres de leur siecle, à la douceur de ses mœurs, & l'on ne rencontre hors de chez eux que la misere & le désespoir. Eux-mêmes les font naître par leurs exactions. On voit des Séneques ruiner par l'usure des provinces entieres, en écrivant des traités sur la bienséance, & composer des livres contre le luxe, sur des tables d'un bois plus précieux que l'or.

Bientôt le despotisme, enhardi par la lâcheté commune, s'éleve appuyé sur des traités philosophiques. Il y puise l'art trompeur de tout couvrir d'un vernis séduisant ; il y apprend à mépriser les hommes, à les regarder comme des instrumens utiles, faits pour servir ses passions ou ses caprices. Les plaisirs & les arts deviennent ses plus sûrs satellites. C'est précisément dans le tems où tout le monde parle des égards dus à l'humanité, qu'on l'infulte avec moins de ménagement. Ses panégyriftes font fes plus cruels ennemis; & tandis que leurs livres femblent être fon afyle, leurs cœurs deviennent fon écueil & fon tombeau.

Ce tableau eft trifte fans doute, mais on l'a déja vu fe reproduire plus d'une fois. On le reverra chez les peuples qui nous fuccéderont, comme il a paru chez ceux qui nous ont précédés.

Je ne fais pas bien précifément ce que c'eft que l'homme & la fociété; mais je fais que pour que l'un foit heureux, pour que l'autre fubfifte fans trouble, il faut fur la terre beaucoup d'obéiffance, & très-peu de raifonnement. Jamais l'un ne s'accroît qu'aux dépens de l'autre.

Et qu'on ne dife pas qu'une foumiffion aveugle eft le foutien du defpotifme, & le tombeau de la liberté. Non;

Non: l'obéissance est la vertu des républiques, ou des états qui ne font pas encore corrompus. Elle vient de l'amour des loix, du respect pour une puissance légitime.

Le citoyen obéit sans raisonner. Son cœur & son bras font toujours d'accord. Mais le philosophe raisonneur qui discute, qui pese les droits des puissances, qui disserte sur les vertus & les vices, est trop lâche pour savoir obéir. Son cœur flétri par ses prétendues lumieres, n'est accessible qu'à la peur.

Désabusé sur ces mots de patrie, d'honneur, de devoir, accoutumé à les disséquer, à en examiner les rapports, il n'en connoît plus ni la force, ni la douceur. C'est un vil esclave qui cede à la crainte, prêt à se révolter dès que le maître aura tourné les yeux & suspendu son fouet.

Quoi, dira-t-on, ces philosophes hardis qui se permettent de tout examiner, dont la main puiſſante ſe joue des liens qui accablent les autres hommes, ſont les peres du deſpotiſme ! Ces défenſeurs des droits de l'humanité en ſeraient les plus cruels deſtructeurs ! La ſervitude, ennemie décidée des lumieres de toute eſpece, ſerait le fruit de ces recherches laborieuſes, entrepriſes pour nous éclairer !

Cela n'eſt que trop vrai. L'excès du pouvoir arbitraire naît par-tout des études philoſophiques. La ſoumiſſion prompte & reſpectueuſe de la liberté n'exiſte dans ſa force que chez les nations ignorantes. Elle s'affoiblit, quand ces nations, cédant à une curioſité déplorable, appellent dans leur ſein les arts, & tout leur dangereux cortege. Elle s'y anéantit enfin, quand ces arts, ces ſciences portées à leur dernier période, dégénerent en philoſophie.

Les ſciences elles-mêmes éprouvent alors le ſort de la vipere, qui ſe voit dévorée par ſes enfans. Elles ſont étouffées par cette branche dange-reuſe qu'elles ont produite. L'eſprit du calcul infecte tous les eſprits. Il éteint cette hardieſſe, ce délire du génie, qui eſt à la vérité une preuve de corruption, mais qui crée ce qu'on appelle les grands artiſtes chez les peuples à demi corrompus. On ana-lyſe les vertus : on toiſe les penſées : on a des algébriſtes, des géometres, des phyſiciens : mais on n'a plus d'o-rateurs, plus de poëtes, & ſur-tout plus de citoyens.

Après s'être quelque tems livrés à cette froideur mathématique qui en-gourdit tous les membres d'un état, on arrive enfin en raiſonnant à la bar-barie. Celle-ci, comme un nouveau déluge, inonde les champs malheu-reux où germaient auparavant la phi-loſophie & les vices. Elle les diſpoſe à reproduire un jour, ſous une autre génération, l'ignorance & les vertus.

Telle eft la marche invariable des hommes depuis qu'ils exiftent, fucceffivement barbares & corrompus, ne pratiquant la fageffe que quand ils en ignorent les regles, & négligeant leurs devoirs dès qu'ils favent les définir. Aucun tems, aucun pays n'a été exempt de ces funeftes influences de la philofophie. Elle, l'anéantiffement des arts, celui des mœurs & le defpotifme, ont toujours marché du même pas.

Les plus abfolus, les plus vicieux des Caliphes furent ceux qui firent dreffer des tables aftronomiques. Le goût des fciences dégénéra chez les Sarrafins, dès qu'ils eurent traduit la morale d'Ariftote. Jamais il n'y eut plus d'obéiffance, plus de liberté, & moins de philofophie que dans Rome, aux premiers fiécles de la république. Les factions, les guerres civiles s'y introduifirent avec la politeffe ; & jamais il n'y eut une lâcheté plus fédi-

tieufe, une oppreffion plus tyranni-
que, un goût plus dépravé que dans
cette même Rome, quand elle eut
dans fon·fein des écoles de philofophie, quand elle fut gouvernée par
des empereurs éleves ou amis des phi-
lofophes.

En confidérant attentivemént la
fuite & la liaifon de ces effets, il n'eft
affurément pas difficile d'en pénétrer
la caufe. La philofophie s'applaudit de
fa haine pour les préjugés. Elle s'annonce hautement comme l'ennemie
irréconciliable de toutes les erreurs;
elle fe vante d'apprendre à fes partifans à les combattre. Cela peut être
vrai; mais c'eft précifément fon goût
pour cette efpece d'attaque, qui la
rend pernicieufe.

S'il y a des erreurs nuifibles, il y en
a d'utiles, il y en a de néceffaires.
C'eft fur un enchaînement d'erreurs
qu'eft fondée la fociété. Elles s'éclip-
fent, je l'avoue, à l'approche de la

lumiere ; mais qu'en réfulte-t-il, finon la diffolution des corps dont elles étaient le lien ?

Par exemple, on dit à un particulier qu'il eft de fon intétêt que les riches foient tranquilles & heureux ; on lui répete fouvent qu'il y va de fon propre repos de les laiffer jouir avec impunité de leur pouvoir & de leur opulence.

Cet axiome politique peut paraître utile, & même l'être aux yeux du petit nombre qui a quelque chofe à perdre. En défendant le premier rang, qui lui eft supérjeur, il fe garantit des attaques du dernier qui lui eft inférieur. Il exige d'une part les hommages qu'il rend de l'autre. Le préjugé qui les arrache lui eft donc avantageux, & il peut ne pas travailler à s'en guérir.

Mais le refte des hommes, cette portion nombreufe, infinie, qui végete dans la baffeffe & l'indigence, qui rampe toute sa vie aux pieds des maîtres inhumains qu'elle nourrit, qui se trouve placée précisément à l'extrêmité de la confédération sociale, n'est-ce pas par une erreur qu'on l'accoutume à respecter la différence des rangs? Elle ne peut que gagner au change, quand elle a le courage de le desirer, & l'audace de l'effectuer.

Voilà ce que lui apprend la philosophie devenue commune. Elle accrédite l'égoïsme, qui flatte l'orgueil & qui détruit la subordination. Elle conduit à soupirer après l'égalité, en en rendant sensible la justice. Et voilà la vraie source des révolutions qui agitent en tout genre les siecles philosophiques.

Ajoutons encore que le préjugé combattu n'est pas détruit. On le démasque sans qu'il fuie. On le renverse sans l'anéantir. Tôt ou tard il se releve, même après sa défaite. Au bout d'un court espace de lumiere, c'est une néceffité que l'erreur renaiffe. Alors plus la vérité eft connue, plus le choc entre ces deux concurrentes eft violent ; & de quel côté que foit la fupériorité du pouvoir, il en réfulte des malheurs.

Les partifans de l'une & de l'autre veulent foutenir leur opinion. Ils oppriment, ils écrafent leurs adverfaires. La politique fe mêle à l'efprit de parti; aux argumens fuccedent les épées, & les batailles aux difputes. Or quand les hommes périffent, qu'importe que ce foit pour l'erreur ou pour la vérité ?

Dans les jours d'ignorance, la population n'a poßit d'autre ennemi que la guerre. Mais dans les fiecles éclairés, le luxe s'y joint & produit bien d'autres ravages. C'eft le plus impitoyable de tous les fléaux qui détruifent les hommes.

On voit les nations entieres fe fondre à fon approche. Pareil à ces firenes, qui, par la douceur de leur chant, attiraient les voyageurs contre des écueils où ils trouvaient la mort, il fe fert de l'attrait des plaifirs pour entaffer les hommes dans les villes, où il les dévore à fon aife. Les déferts fe multiplient autour de tous les lieux où il fe fixe.

Mais tandis qu'il exerce fes ravages dans l'intérieur d'un état, les guerres ne s'en foutenant pas moins au dehors, il eft clair que ces prétendus tems de lumieres ont deux fléaux à foutenir. Pour parler en termes philofophiques, fi l'ignorance fait une plaie à l'humanité, les fciences lui en font deux.

Or la feconde, le luxe, eft fans contredit plus terrible que la premiere. Elle porte avec elle une corruption pour laquelle la politique ni la raifon n'ont point de remede. C'eft une gangrene qui néceffite la diffolution d'un corps dès qu'elle s'y eft attachée.

Je fais bien que de très-favans hommes ont fait l'apologie de ce monftre.

Je ne sais s'ils ont convaincu beaucoup de personnes. Mais je ne voudrais que leurs propres ouvrages pour les réfuter. Suivant eux le luxe est estimable, parce que consumant les richesses de ceux qui ont tout, il donne à vivre à ceux qui n'ont rien. Ils approuvent donc que la subsistance des uns dépende du goût qu'ont les autres pour les superfluités ; regardant les plaisirs dont le riche se gorge, comme une aumône qu'il fait aux pauvres, ils lui permettent, ils lui commandent de se livrer à tous ses caprices, pourvu qu'il soit en état de les payer.

Il y aurait bien des choses à dire sur cet étrange raisonnement : mais je ne cherche ici que l'affinité qui se trouve entre le luxe & la philosophie. Ce serait perdre du tems que de s'amuser à prouver que le premier est la peste de la population : je ne veux que faire voir qu'il marche toujours avec la seconde.

On ne se livre au luxe que parce qu'on est riche. On ne devient philosophe que parce qu'on a commencé par être oisif. Or ces deux causes, la richesse & l'oisiveté n'allant jamais l'une sans l'autre, il est bien naturel que leurs effets ne soient pas séparés.

C'est aussi ce qu'on peut remarquer. Ouvrez l'histoire : cherchez un peuple riche qui n'ait point eu de philosophes, trouvez un peuple pauvre qui en ait eu. Examinez si ce germe empoisonné a pris racine dans les climats à qui la nature a refusé les métaux qui nourrissent le luxe, tant qu'ils ont sçu se défendre de les recevoir.

La philosophie naît sur les bords du Gange au milieu de l'or & des diamans qu'une malheureuse fécondité produit dans l'Inde. Elle s'y attache, elle y végete encore aujourd'hui avec ces tristes soutiens d'un despotisme opulent : mais voyez-la s'exiler elle-même de Sparte, & suivre l'or que Lycurgue en chassait.

Voyez-la se répandre dans Athènes avec le goût du commerce, & devenir bientôt un effet commerçable dans cette ville trafiquante. L'orgueil & l'avidité y jettent les fondemens du lycée, du portique, des académies. Ces lieux encore célebres deviennent des foires où se débitent à grand prix des poisons rafinés. Ils se remplissent de marchands jaloux qui décrient les drogues de leurs confreres, pour assurer leur propre débit.

C'est là que les Romains viennent puiser le goût du faste, & l'oubli de la vertu. C'est-là que se forgent les fers que porteront bientôt les vainqueurs du monde. C'est là aussi que viendront s'abîmer les nations nombreuses qui couvraient auparavant l'Italie.

Cette contrée si long-tems fertilisée par des mains ignorantes, deviendra stérile dès qu'un de ses citoyens connoîtra le nom d'Archimede. Dès qu'A-grippa l'aura décorée de portiques,

& d'un temple fur le modele du Pan-
théon, dès qu'on y lira avec délices
ou le poëme de Lucrece, ou fes ouvrages de Cicéron, elle attendra en
tremblant que les vents lui apportent
d'Egypte ou d'Afrique une fubfiftance
que les mains délicates de fes habitans
ne pourront plus lui fournir.

 - Il y a plus. Ses campagnes feront
couvertes de fang : on n'y marchera
plus que fur des cadavres : fes villages
détruits, fes villes embrafées donne-
ront à l'univers le fignal de la plus
terrible révoluion ; & ces meurtres,
ces incendies feront commandés par
des efprits élégans, qui auront étudié
long-tems la philofophie dans Athenes, & fauront ordonner des fêtes
avec magnificence.

Si le luxe qui détruit, fi la cruauté
qui prodigue la vie des hommes à fes
plaifirs ne font pas les compagnons in-
féparables de la philofophie qui rai-
fonne, pourquoi eft-ce du tems des

Socrates & des Anaxagores, qu'on est
contraint d'admettre dans Athenes les
bâtards au rang des citoyens, pour
repeupler la ville devenue déserte?
Pourquoi est-ce tandis que Cicéron
écrivait ses Tusculanes, que le sang
romain, versé par des mains romai-
nes, inondait l'Italie? Pourquoi Silla,
César, sont-ils contemporains des Var-
rons, des Columelles, qui déplorent
le vuide des campagnes? Pourquoi à
Londres & à Paris écrit-on tant de
livres sur la population, sur l'agricul-
ture, dans ce beau siecle, où l'on pré-
tend que le soleil de la philosophie
s'est levé pour nous?

On ne demande à manger que
quand on a faim. Dès qu'on veut dans
un royaume enseigner à le peupler,
c'est un signe infaillible qu'il se dépeu-
ple (1). Mais est-ce chez des peuples

____

(1) On peut citer dans cette cause un
juge qui ne sera certainement pas suspect,
même aux plus zélés partisans des sciences :

pauvres & dans des siecles d'ignorance, qu'on a besoin de pareils secrets, & qu'on les publie?

L'esprit philosophique n'est pas seu-
lement destructeur : il est encore lâche
& timide. Il ne se contente pas d'op-
primer, de faire périr les hommes, il
les dégrade. En leur donnant une audace coupable, il y joint une lâcheté
avilissante ; & toutes deux, par un mê-
lange qui ne se voit point ailleurs,
contribuent également à avilir les
cœurs où elles se sont établies.

Les sages déclament contre ceux
qui prétendent leur annoncer la vérité. Ils publient qu'eux seuls en ont
le secret : mais ils ont la bassesse de
la déguiser. Un enthousiaste prêche
avec une noble hardiesse ce qu'il croit

---

c'est M. de Voltaire. Il convient, dans son
histoire de Charles XII, que le Czar Pierre,
*en poliçant ses états, a contribué à leur dépo-
pulation* ; ce sont ses termes. Collection des
ouvrages de Voltaire, tom. 6, pag. 64,
édit de 1757.

vrai. Il ne cache ni son culte, ni ses dogmes. Il brave les tourmens & les bourreaux, quand il s'agit de soutenir sa créance.

Mais le philosophe ménage avec soin ses expressions. Amoureux tout à la fois de son bien-être & de ses opinions, il ne découvre les unes qu'autant qu'il le faut pour les répandre, sans exposer l'autre. Il se met à genoux dans les temples du Dieu qu'il apprend à mépriser, il se presse autour des enseignes du parti qu'il brûle de combattre.

Il se vante même de ce lâche subterfuge. Consignant à la postérité sa honte & son deshonneur, il publie la découverte de cette *doctrine intérieure*, qui consiste à parler autrement qu'on ne pense, à agir autrement qu'on ne parle. Il enveloppe ses sentimens sous des expressions obscures. Ses discours deviennent une perpétuelle allégorie, dont il fait sous main courir la clef.

En

En parlant la langue du peuple, il tient un langage tout différent; &, faisant de la parole un abus qu'on ne peut pardonner qu'aux esclaves de la fortune, il expose à la fois à l'erreur, & le vulgaire qui, selon lui, ne doit pas le comprendre, & les sages qui souvent ne le peuvent pas.

Les seuls objets que les philosophes traitent sans déguisement, & où l'obscurité serait pourtant sans scandale & sans conséquence, ce sont les systêmes où éclate l'audace de l'esprit humain, & sur-tout l'éloquence de ceux qui les inventent. C'est-là qu'ils abusent avec excès de la science des mots. Raisons, raisonnemens, intrigues, injures, ils emploient tout pour faire valoir ces découvertes, dont quelques-unes peuvent être utiles, mais dont le grand nombre n'est qu'une pure charlatanerie.

Combien de volumes ennuyeux, de reproches grossiers, ont occasionné ces tourbillons abfurdes où s'eft égaré Defcartes, cette maniere de voir tout en Dieu qu'a imaginé un oratorien, & ces monades dont l'obf- curité ne couvre point le ridicule, & tant d'autres impertinences qu'un juge équitable croirait échappées des Pe- tites-Maifons, fi elles n'étaient ap- puyées dans les livres où elles paraif- fent des noms les plus célebres. Tous ces fabricateurs de chimeres bâtiffent fur un fable mouvant. Leurs petits édifices croulent au premier choc les uns fur les autres, & difparaiffent aux yeux de la poftérité.

Ce qu'ont pourtant de bon ces dif- putes, c'eft que chaque inventeur de fyftême aide à fentir la faibleffe de ce- lui qu'il foutient, par la facilité avec laquelle il pulvérife celui qu'il combat.

Il eft des recherches d'un autre genre : ce font celles qui traitent des reffources de la mécanique, qui s'oc- cupent à dompter les élémens, & par le moyen defquelles l'homme paraît vraiment commander à la nature. Peut-être est-il douteux que ces machines ingénieuses puissent justifier tous les éloges qu'on leur donne. Si du moins elles adouciſſaient le malheur de la plus nombreuſe partie du genre humain, ſi en facilitant quelques travaux, elles diminuaient le nombre des profeſſions laborieuſes, on pourrait les louer de quelque utilité.

Mais le luxe a toujours plus de beſoins qu'on ne peut trouver de moyens pour le ſatisfaire. Son avidité multiplie les travaux pénibles à meſure que l'induſtrie les abrege. Comme il en dévore à chaque inſtant les fruits, qu'à chaque inſtant il en demande de nouveaux, que ſa faim s'augmente à meſure qu'il conſomme, c'eſt lui ſeul qui gagne à ces inventions.

Le vent, l'eau font tourner nos moulins. Ce n'eſt plus de la farine que nous demandons à nos eſclaves; mais il faut qu'ils nous fourniſſent du ſucre.

Notre gourmandise les attache à des machines périlleuses qui leur coûtent souvent les membres, & quelquefois la vie. Qu'a gagné l'humanité à la suppression des moulins à bras ?

On a imaginé l'art de multiplier tout d'un coup les copies d'un livre, de répandre sans frais les satyres ameres, les panégyriques ridicules, les syftêmes extravagans : mais les presses & le nombre des lecteurs se font multipliés dans la même proportion. L'impression fatigue aujourd'hui plus de mains que les copies n'en occupaient autrefois. On peut en dire autant de beaucoup d'autres machines, dont la description & les éloges tiennent une grande place dans les livres, & qui ont fait très-peu de bien au monde.

D'ailleurs, quand ces découvertes mériteraient tout le bien qu'on en dit, est-ce à la science perfectionnée qu'on les doit ? Ces lunettes qui flattent l'orgueil d'un astronome, & trompent peut-être ses yeux, ces microscopes où l'imagination d'un naturalifte apperçoit tant de merveilles , cette pompe à feu dont les fiecles à venir feront plus d'ufage que nous, où la pefanteur de l'air & la dilatation de l'eau combinée foulevent des fardeaux énormes, font-ce des hommes éclairés qui les ont trouvées? Non. Un écrivain célebre l'a dit, fi je ne mé trompe : les ignorans inventent, & les favans raifonnent.

La feule, l'unique découverte que l'univers ait reçue des hommes inftruits c'eft cette compofition meurtriere qui renverfe les murailles , qui embrafe les villes, & qui furpaffant la violence de la foudre, a remis dans les mains du crime les armes deftinées par la divinité à faire briller fa grandeur. Ce font vraiment des mains favantes qui ont calculé la portée des mines & fondu les mortiers.

Quelle efpece d'obligation ont donc les hommes à la philofophie ? Elle ne leur parle de la morale que pour la

leur faire oublier ? Elle ne fournit à
leur curiosité que des amusemens frivoles. Elle ne présente à la médecine
que des remedes très-impuissans pour
les guérir , & elle donne au génie les
secrets les plus terribles, les plus sûrs
pour les anéantir. Si chaque forfait
commis, chaque systême commenté,
chaque malade empoisonné dans un
pays policé, font des preuves de l'inutilité des sciences, chaque coup de
canon qu'on y tire, n'en est-il pas une
de leur danger ?

Concluons de tout ce que j'ai dit,
qu'il n'est jamais utile d'éclairer les
hommes, & qu'il est toujours dangereux de les éclairer trop. Fixons le jugement qu'on doit porter de la philosophie. Son nom signifie amour de la
sagesse. Elle s'en pare avec fierté,
comme on charge les armoiries de
symboles, qui n'ont aucun rapport
avec les actions de ceux qui les portent. Très-souvent un lâche fait pein-
dre un lion dans son écusson. Plus sou-

vent encore ces prétendus amateurs
de la fageſſe ſe livrent à toutes les folies dont les paſſions exceſſives rendent les hommes capables. Un orgueil
fanatique préſide à leurs travaux, &
les dirige. Ils ſe piquent d'un attache-
ment invincible pour leurs opinions.
Ils n'oublient rien de ce qui peut con-
tribuer à les répandre. Ils éclatent avec
emportement contre tous ceux qui
oſent les combattre.

Inſenſibles au ridicule dont ils ſe
couvrent, ils multiplient les panégyriques, & pour les princes qui veulent bien les payer, & pour les hommes illuſtrés déja par l'abus des talens,
dont ils ſe flattent d'être un jour ou
les imitateurs ou les rivaux. Ils ven-
dent cher au genre humain le peu de
connaiſſances réelles qu'ils lui procurent. En travaillant à le polir, ils le
détruiſent ; comme ces ſculpteurs mal-
habiles, qui, ſous prétexte d'ébaucher
une figure, réduiſent à rien un bloc
de marbre.

C'est donc bien en vain que Cicéron & quelques déclamateurs après lui, ont osé faire l'éloge des lettres & des sciences. Inutilement vous disent-ils qu'elles sont l'amusement de la jeunesse, la ressource d'un âge plus mûr, la consolation de la vieillesse. N'en croyez rien. Entrez dans le cœur de tous ceux qui les ont cultivées. Interrogez tous les littérateurs : vous verrez combien il y a à rabattre de ces panégyriques imposans.

Les amusemens qu'elles donnent sont puériles. Les ressources qu'elles procurent deviennent avilissantes. Les consolations qu'elles fournissent sont imaginaires.

Elles présentent, il est vrai, à tous les âges, à tous les états un appas trompeur qui les séduit. Mais elles amollissent les jeunes gens, & les rendent incapables presque de tout. Elles deshonorent les vieillards qui sont assez

faibles

faibles pour en conserver le goût jusqu'aux portes du tombeau.

Elles corrompent la prospérité par
les nouveaux desirs qu'elles font connaître aux riches. Elles rendent leur
opulence inutile, par la foule de nouveaux besoins dont elles les accablent.
Elles aggravent le malheur, par les regrets qu'elles inspirent à l'indigent.
Elles déchirent son cœur, par la faculté funeste de réfléchir, qu'elles y
développent. Elles le tourmentent,
par les moyens qu'elles lui suggerent
pour changer sa situation.

Enfin, quiconque voudra bien approfondir leurs effets, plutôt que leur
nature, conviendra que si elles peuvent devenir avantageuses à des êtres
parfaits, elles font pour des êtres im-
parfaits tels que nous, le plus redou-
table de tous les fléaux. Il n'y a personne qui, après les avoir bien exa-
minées, ne s'écrie, avec le sage Salo-
mon: *c'est la plus mauvaise des occu-*

pations que Dieu ait donnée aux enfans des hommes (1).

Préservez-en donc les vôtres, ma chere sœur. Eloignez-les de cette occupation pernicieuse, qui ferait à jamais leur malheur & le vôtre. Il n'y en a aucune dans la vie qui ne lui soit préférable. Boileau a dit :

Soyez plutôt maçon, si c'est votre talent.

Je dirai moi : *soyez plutôt maçon, quand ce ne serait pas votre talent.* Car enfin, même sans dispositions naturelles, avec de la patience & du courage, on peut devenir maçon passable & homme heureux ; or c'est ce qui ne sera jamais dans la littérature, même avec tous les talens possibles.

Au reste, veillez à écarter de bonne heure ce goût contagieux des jeunes cœurs qui sont sous votre direction. Défendez soigneusement de son ap-

____

(1) *Hanc pessimam occupationem dedit Dominus filiis hominum.* Ecclef. *cap.* 1, *v.* 12.

proche ces terres neuves, qui s'ou-
vriraient également aux graines veni-
meuses, comme aux semences utiles.
Le moindre germe qui pourrait échapper à vos recherches, s'y provi-
gnerait bientôt de lui-même à l'infini.
En redoublant trop tard vos soins
pour l'extirper, vous n'en retireriez
d'autre fruit que le désespoir d'en sen-
tir l'inutilité.

Si une fois vos enfans goûtent de
cette liqueur enchanteresse, s'il leur
est permis de porter leurs levres un
moment au vase qui la contient, tout
est perdu pour eux & pour vous.
Plus ils auront d'esprit, plus l'effet du
poison sera rapide. Ils liront, ils écri-
ront malgré vous, & malgré eux-
mêmes; & ce sera en versant des
larmes ameres sur les infortunes de
leur vie, que vous reconnaîtrez un
jour la justesse du conseil que je viens
de vous donner.

F I N.